BONJOUR ! Je suis le comte Zac, bienvenue dans mon château hanté. Es-tu prêt·e à découvrir tous ses secrets ? Nous allons rencontrer des personnages étranges, mais ne te laisse pas effrayer ! Tu verras : rien n'est réellement comme il en a l'air...

Avant d'entrer, note ton prénom et ton âge et complète le cadre avec une photo ou un dessin de toi !

PRÉNOM : ....

ÂGE : ....

LE CHÂTEAU DU COMTE ZAC

INTERDIT
D'ENTRER

Une aventure t'attend dans chaque pièce du château :
joue, colorie et résous tous les exercices.

À la fin de chaque épreuve, vérifie que tu as les bonnes réponses, décolle l'autocollant indiqué et colle-le à sa place sur le grand dessin final.
Tu découvriras ainsi que le château du comte Zac n'est pas aussi monstrueux qu'il parait !

Tout au long de cette visite, tu seras aussi accompagné·e par

DANTE LE CAMÉLÉON !

Dante est un peu peureux et il se cache toujours aux endroits les plus improbables. Mais si tu fais bien attention, tu peux le trouver dans certaines pièces du château. Cherche-le et essaye de compter le nombre de fois que tu le rencontres.

AMUSE-TOI BIEN !

1 C'EST PARTI POUR UNE COUPE !

Les invités arrivent au château du comte Zac et la comtesse se fait belle ! Colorie le dessin : chaque opération doit être de la même couleur que son résultat.

2 LES OREILLES DES PETITES SOURIS

Additionne les chiffres inscrits sur les oreilles des souris et écris le résultat sur leur ventre. Colorie-les ensuite comme tu le souhaites !

AUTOCOLLANT 10

3 GRENOUILLES ET MARGUERITES

Complète les pétales des marguerites : la somme des chiffres de chaque pétale doit être égale au nombre inscrit au centre de la fleur, comme dans les exemples en rouge.

AUTOCOLLANT 16

4 RENDEZ-VOUS GALANT

Aide Roger le loup-garou à rejoindre sa fiancée Belinda : colorie seulement les opérations ayant 10 pour résultat.

14 - 4
15 - 9
6 + 2
13 - 5
7 - 4
12 - 6
6 + 4
8 + 2
10 + 2
1 + 9
12 - 4
13 - 3
3 + 6
9 + 3
3 + 11
7 + 5
2 + 7
12 - 2
14 - 8
14 - 12
11 + 2
13 - 6
13 - 12
15 - 5
6 + 5
3 + 7

5 ARAIGNÉES ET CHAUVESOURIS

Additionne les trois chiffres inscrits sur les chauvesouris et sur les araignées et colorie de la même couleur les paires d'animaux ayant le même résultat, comme dans l'exemple.

AUTOCOLLANT 7

6 À CHAQUE PETIT HIBOU SA MAMAN

Colorie chaque petit hibou comme sa mère : chaque soustraction doit être de la même couleur que son résultat.

7 PARCOURS HANTÉ

Aide Pierrot le corbeau à rejoindre Vanessa la sorcière : colorie seulement les opérations ayant pour résultat 5.

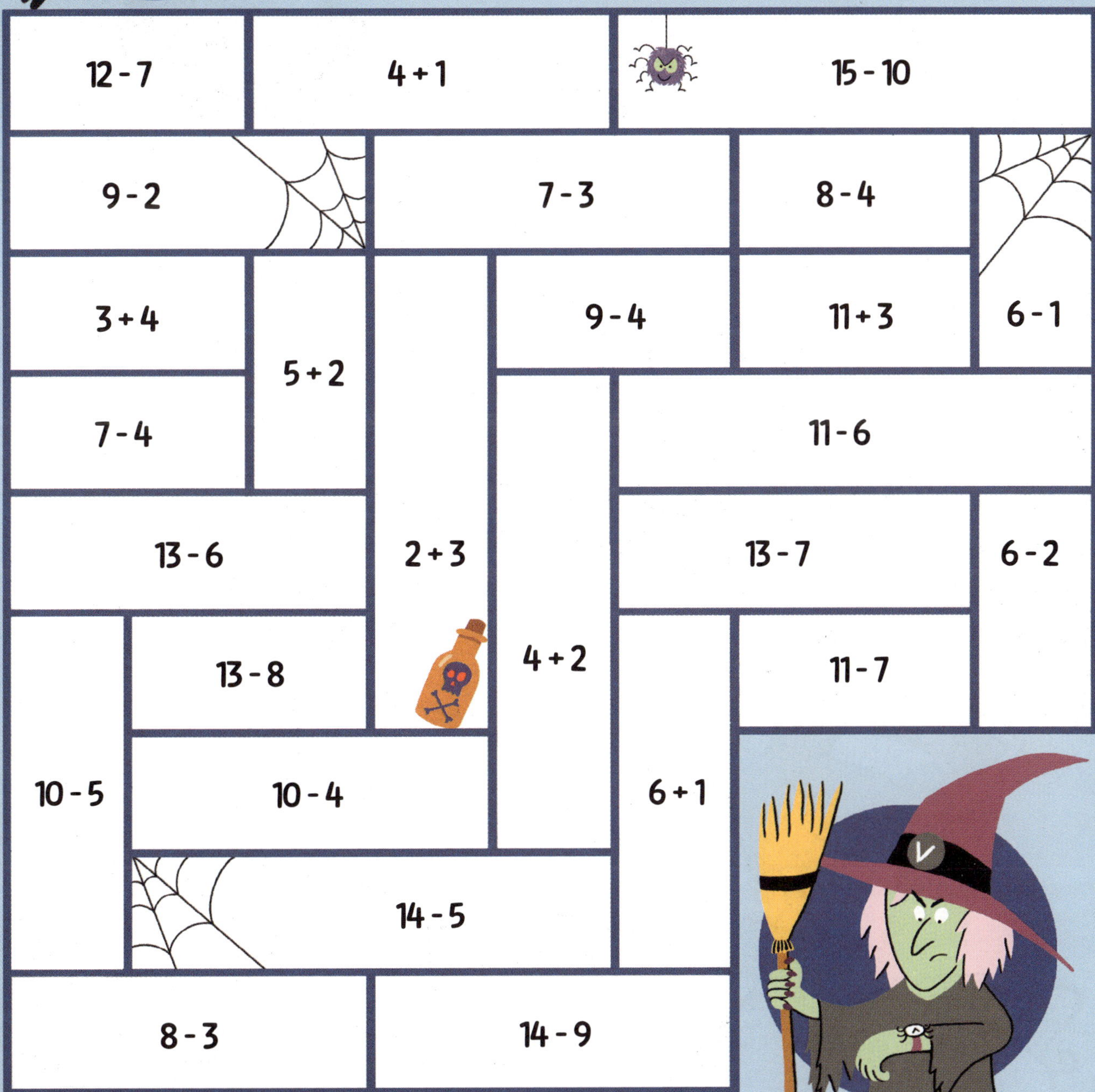

AUTOCOLLANT 25

8 DANS LA CHAMBRE DU VAMPIRE

Colorie chaque opération de la même couleur que son résultat.
Fais attention à ne pas réveiller le comte Zac !

9 Y A-T-IL UN MONSTRE DANS L'ARMOIRE ?

Complète les opérations puis cherche dans l'armoire les nombres que tu as écrits. Colorie les zones correspondantes au crayon noir et tu découvriras qui se cache dans l'armoire.

AUTOCOLLANT 26

10 LES SARCOPHAGES PERDUS

Résous de tête chaque opération et colorie de la même couleur le résultat indiqué dans le labyrinthe page de droite, comme dans l'exemple. Chaque momie doit retourner au plus vite dans son sarcophage !

~~14 - 7~~	2 + 12
9 - 3	8 + 5
13 - 6	4 + 10

11 - 9	12 - 8
5 + 4	15 - 13
2 + 13	14 - 5

7 + 5	12 - 11
11 - 6	15 - 7
8 + 4	2 + 6

10 - 7	6 + 5
13 - 3	15 - 12
4 + 7	9 + 1

AUTOCOLLANT 34

11 UNE RECETTE EXPLOSIVE

Résous chaque addition et retrouve son résultat parmi les flacons de potions magiques. Colorie ensuite le dessin avec les couleurs correspondantes.

AUTOCOLLANT 6

12 UN ANNIVERSAIRE DE VAMPIRE

Chaque vampire porte une chemise de la couleur de son gâteau préféré. Additionne les nombres de chaque chemise et de chaque gâteau, puis colorie de la même couleur les paires ayant le même résultat.

AUTOCOLLANT 14

13 LE CADRE MYSTÉRIEUX

Résous les opérations et cherche ensuite dans le cadre les nombres que tu as écrits. Colorie-les et découvre l'image cachée.

5 - __ = 2 | 6 + 12 = __ | __ - 4 = 5

19 - __ = 17 | 10 + 6 = __

14 - __ = 4

__ - 5 = 9

12 + 7 = __

__ - 3 = 14

__ - 10 = 3

4 + 16 = __

17 - __ = 9

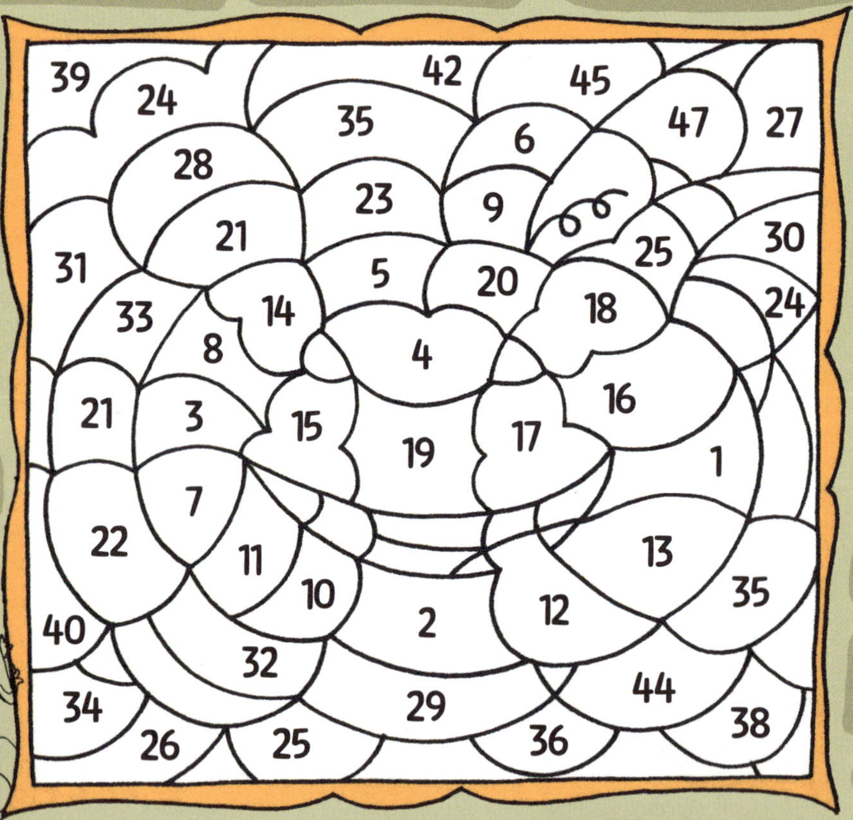

11 - __ = 4 | 1 + __ = 16 | 20 - __ = 9 | 13 - 12 = __

12 + __ = 17 | 15 - __ = 11 | __ + 8 = 20

14 ATTENTION AU CHIEN !

Calcule la soustraction avec les nombres inscrits dans les oreilles des chiens de garde du comte Zac et écris le résultat sur leur médaillon, comme dans l'exemple. Colorie-les ensuite comme tu le souhaites !

15 L'HEURE DU DODO

Résous de tête chaque opération, cherche le résultat dans le labyrinthe à côté et colorie-le de la couleur indiquée. Dépêche-toi ! Les vampires doivent retourner dans leur cercueil avant l'aube !

4 - 3	12 - 4
9 - 5	18 - 8
13 + 3	1 + 7

11 - 5	19 - 4
14 + 6	4 + 7
3 + 11	18 - 3

13 - 11	14 + 3
19 - 12	20 - 15
6 + 7	8 + 9

12 - 9	1 + 11
8 + 10	20 - 11
15 + 4	15 - 15

25
22
26
24
16
30
15
8
21
14
23
24
4
15
6
27
5
10
11
0
20
17
12
35
1
8
28
7
25
27
9
3
19
18
17
24
2
28
13
21
30
23
AUTOCOLLANT
4

16 PRIS DANS LA TOILE D'ARAIGNÉE

Complète les trous dans les toiles d'araignée : la somme des nombres de chaque morceau doit avoir pour résultat le nombre inscrit au centre de la toile d'araignée, comme dans l'exemple rouge.

AUTOCOLLANT 18

17 NUIT DES LOUPS !

Colorie les vêtements des petites louves comme ceux de leurs frères : colorie chaque addition de la même couleur que son résultat.

18 EN CLASSE AVEC LES VAMPIRES

À l'école des vampires, chaque soustraction doit être de la même couleur que son résultat. Les couleurs à utiliser sont indiquées au tableau !

UN VOL... MAGIQUE !

Un chat taquin a volé la baguette magique de la sorcière Vanessa ! Aide-la à la récupérer : colorie seulement les opérations ayant pour résultat 15.

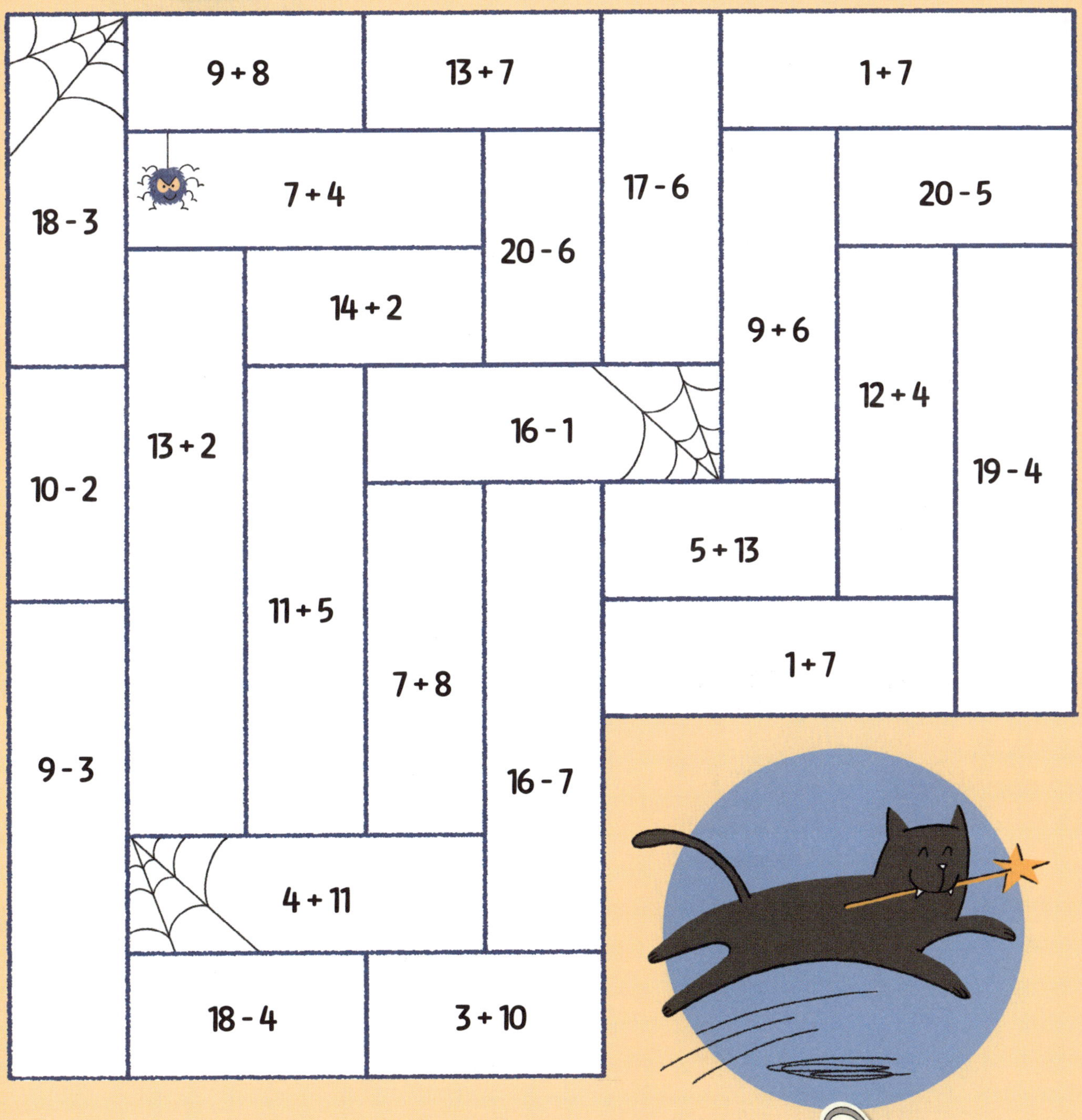

20 ELLE EST OÙ MA MAMAN ?

Résous de tête chaque opération, cherche le résultat dans le labyrinthe à côté et colorie-le comme indiqué. Ainsi chaque petit loup-garou pourra retourner auprès de sa maman.

9 + 11	13 - 11
16 - 7	12 + 3
14 - 8	16 + 4

10 + 8	15 + 2
19 - 6	16 - 9
17 - 13	1 + 16

2 + 14	10 - 10
9 + 1	20 - 19
18 - 15	17 - 5

14 + 5	11 - 6
5 + 9	20 - 12
18 - 7	3 + 16

AUTOCOLLANT 13

21 UNE TASSE DE THÉ AVEC LES MOMIES

Résous les opérations et cherche le bon résultat sur les boites de thé. Colorie ensuite le dessin avec les couleurs indiquées.

13
17
N
S
31
10
32
7
19
16
29
21
36
12
25
4
20
9
26
23

BIENVENUE
28
2
14
33
22
6
11
24
27
18
34
3
5
35
30
15
1
8
FARINE

22 QUI A PEUR DU NOIR ?

Dans le noir du château, chaque vampire cherche son chandelier. Additionne les trois chiffres sur les bougies et cherche le vampire qui a le bon résultat sur son foulard. Colorie alors le chandelier et le vampire de la même couleur.

AUTOCOLLANT 24

23 LES SECRETS DE LA SORCIÈRE

Complète les opérations et cherche ensuite dans l'image les chiffres que tu as écrits. Colorie-les et découvre ce que cache la sorcière Vanessa dans sa chambre à coucher.

7 + 7 = __

6 + __ = 10

5 + __ = 12

8 + __ = 13

3 + 8 = __

5 + __ = 14

__ - 1 = 7

12 - __ = 9

__ - 2 = 10

14 + 3 = __

__ - 4 = 15

__ + 3 = 19

__ - 14 = 4

10 + __ = 16

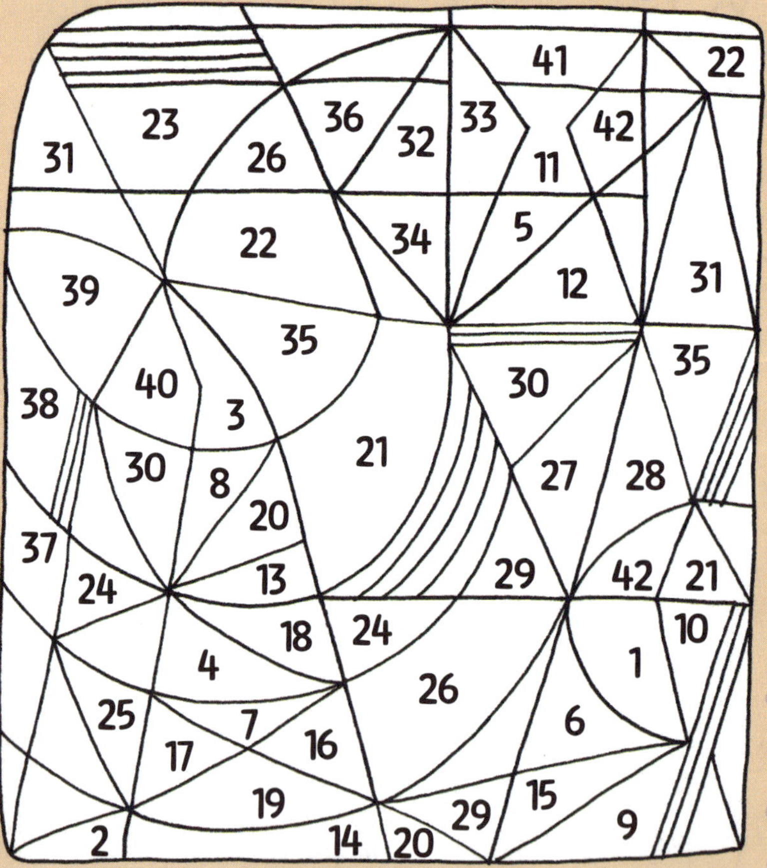

9 + 6 = __

17 - __ = 7

16 - __ = 3

15 - 14 = __

12 + 8 = __

AUTOCOLLANT 15

24 UN REPAIRE DE FANTÔMES

Résous les soustractions et écris le résultat dans les ballons de baudruche. Colorie ensuite chaque fantôme comme tu le souhaites !

25 UNE NUIT DE PLEINE LUNE

Un seul loup-garou réussira à hurler à la pleine lune avec un ciel dégagé ! Pour savoir lequel, résous les opérations et colorie de la même couleur les résultats dans le labyrinthe de la page de droite.

12 + 6	14 - 14
7 + 5	9 - 8
17 - 10	20 - 9

5 + 8	19 - 17
7 + 7	16 - 11
6 + 13	14 - 1

15 - 9	18 + 2
20 - 17	11 - 3
19 - 9	4 + 16

19 - 4	3 + 13
18 - 14	13 - 4
9 + 8	6 + 10

21
36
0
25
10
18
24
32
23
20
26
27
6
22
16
15
9
8
12
31
13
30
22
17
28
20
16
7
5
14
11
3
4
2
1
23
21
26
19
34
13
25
AUTOCOLLANT
30

LES CHAUVESOURIS FONT LEUR NUMÉRO

Complète les zones vides sur les chauves-souris : la somme des nombres de chaque bande blanche ou brune doit avoir pour résultat le nombre au centre.

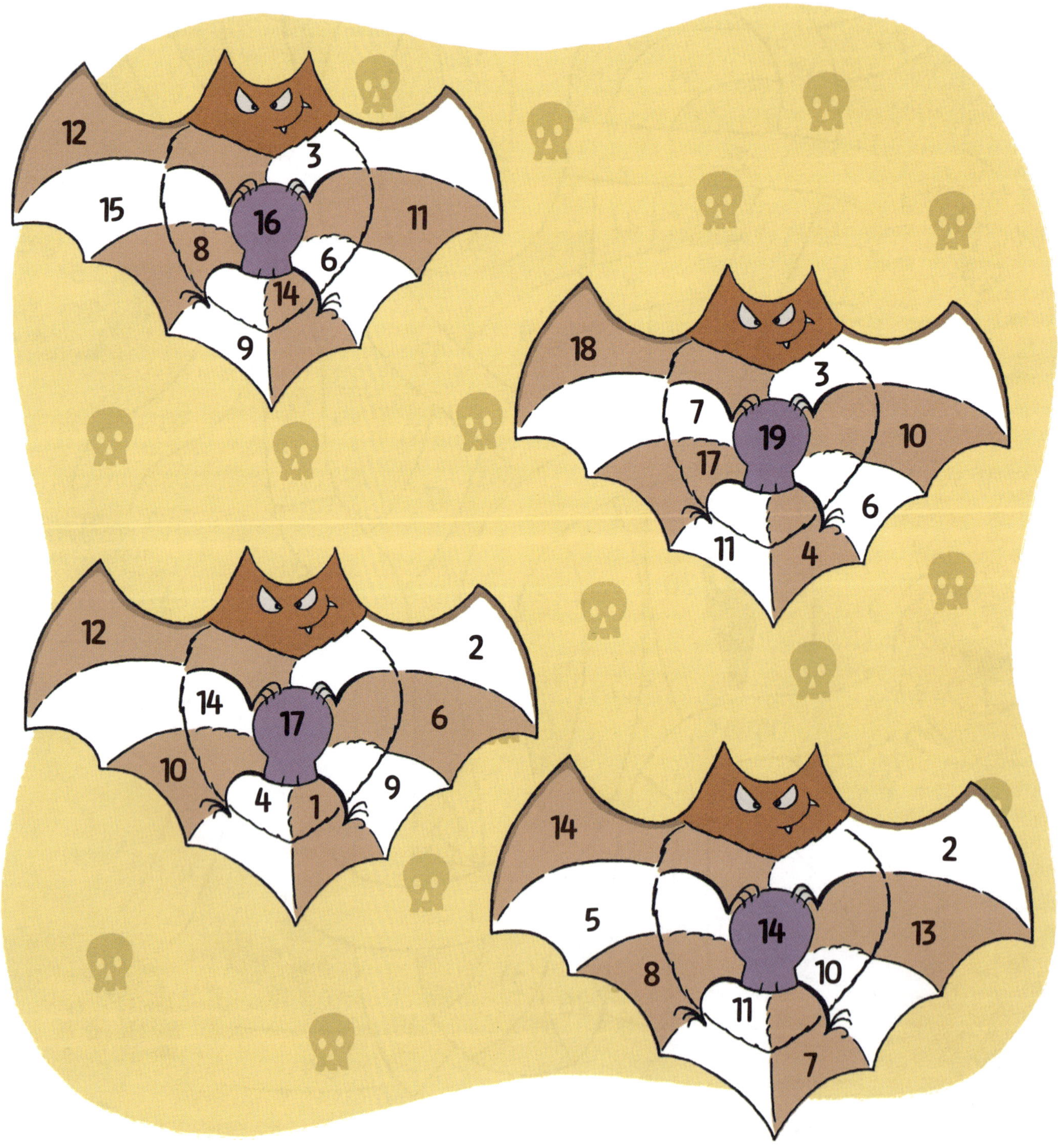

27 EN VOL SUR LE BALAI

Vanessa la sorcière se rend chez son ami le comte Zac. Résous les opérations et colorie ensuite le dessin avec les couleurs indiquées par les fantômes.

AUTOCOLLANT 12

28 À LA CHASSE AUX CHAUVESOURIS !

Le petit vampire est allé à la chasse aux chauvesouris. Aide ses parents à le retrouver : colorie seulement les opérations ayant pour résultat 12.

15 - 3
13 + 7
14 + 6
6 + 6
20 - 5
9 - 5
18 - 3
10 - 2
7 + 5
16 - 7
10 - 4
16 - 1
17 - 5
13 + 2
16 - 4
18 - 11
4 + 8
19 - 4
11 + 1
1 + 7
1 + 7
19 - 8
9 + 3
4 + 11
20 - 8

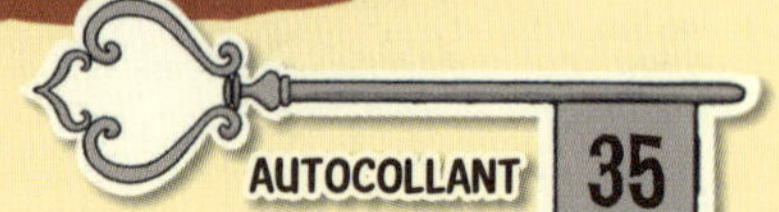

29 ADIEU LES TACHES !

Aujourd'hui, c'est jour de lessive chez les momies !
Colorie chaque opération de la même couleur que son résultat.

DES CHAUSSURES NEUVES POUR VANESSA

Vanessa la sorcière veut acheter des chaussures, mais elle n'a que 17 pièces de 1 euro. Additionne les nombres que tu vois sur les chaussures pour trouver le prix de chaque paire, et découvre ainsi quelles chaussures Vanessa pourra acheter. Colorie-les comme tu le souhaites.

AUTOCOLLANT 22

SÉRÉNADE AU CLAIR DE LUNE

Résous de tête chaque soustraction, retrouve le résultat parmi les cœurs et colorie la pierre de la couleur correspondante. Finis ensuite de colorier comme tu le souhaites.

AUTOCOLLANT 8

LES CORBEAUX À LA CHASSE

Additionne les nombres inscrits sur les proies des corbeaux et écris le résultat sur le corbeau qui est sur le point de les manger, comme dans l'exemple. Colorie ensuite le dessin comme tu le désires !

AUTOCOLLANT 27

33 UNE FENÊTRE DANS L'OBSCURITÉ

Complète les opérations, cherche ensuite dans l'image tous les nombres que tu as écrits et colorie-les.
Tu découvriras ce que le comte Zac voit de sa fenêtre.

5 - __ = 2

19 - __ = 17

18 - __ = 2

__ - 4 = 5

10 + 5 = __

6 + __ = 20

17 - __ = 9

5 + __ = 18

13 + 6 = __

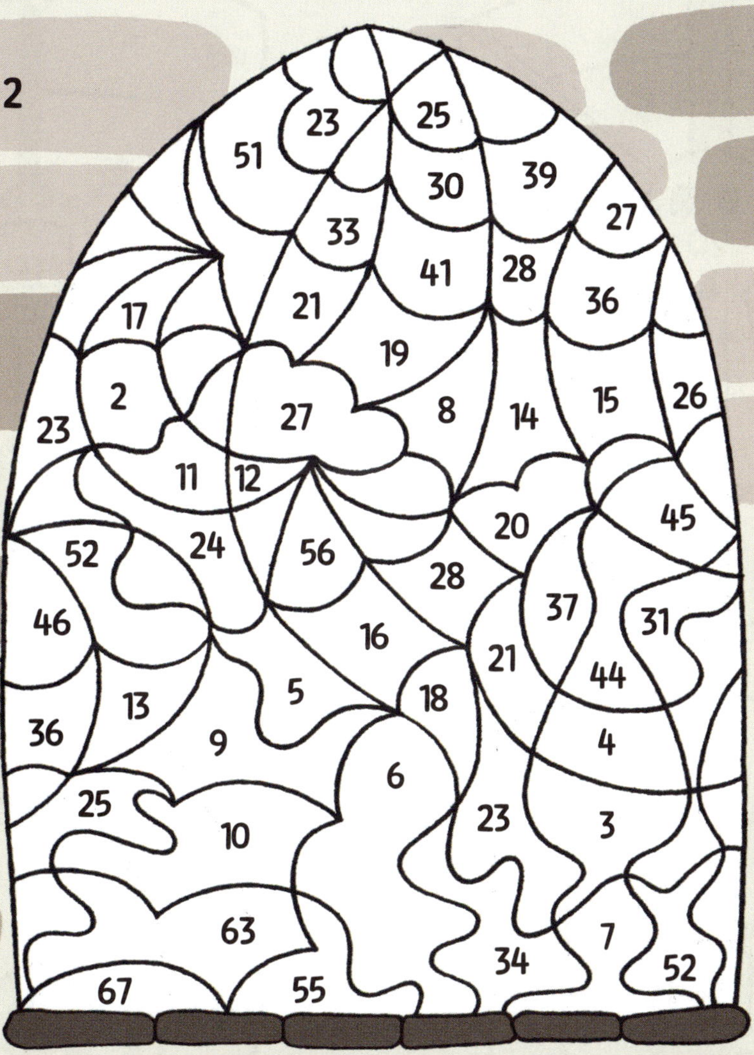

14 + 3 = __

16 - 5 = __

12 - __ = 5

8 + __ = 13

4 + 8 = __

14 - 10 = __

AUTOCOLLANT 9

LE BOUCLIER DU VAMPIRE

Complète les zones vides sur les boucliers : la somme des nombres sur chaque tranche doit avoir pour résultat le nombre au centre.

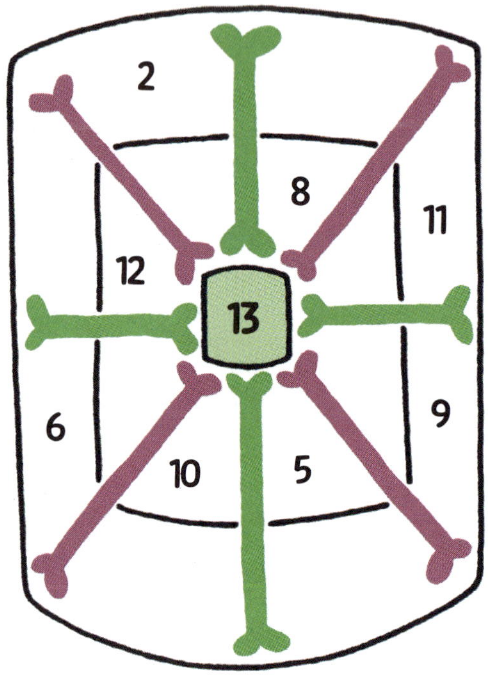

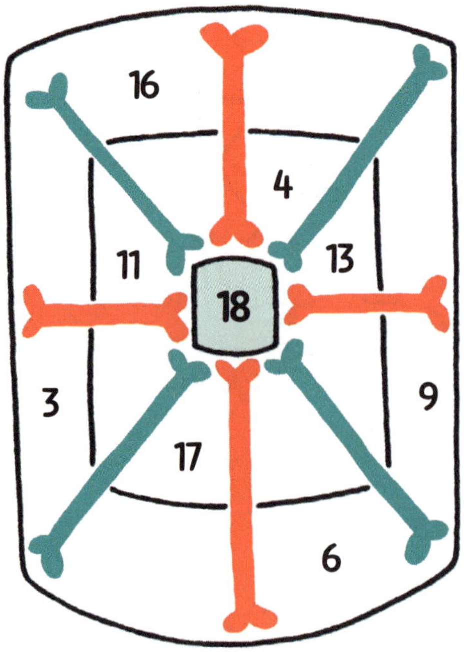

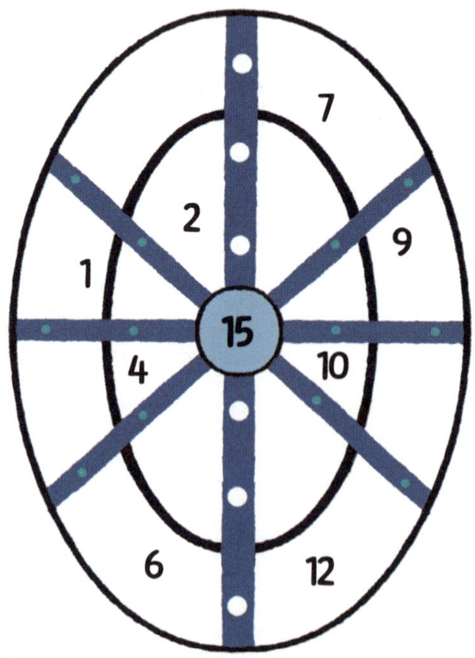

AUTOCOLLANT 29

35 CADEAUX DE SORCIÈRE

Vanessa la sorcière est en train de créer une potion pour son ami le comte Zac. Tu veux l'aider ? Colorie les additions et les soustractions de la même couleur que leur résultat.

36 LE BANQUET DU COMTE ZAC

Le comte Zac a invité ses amis les monstres à diner !
Résous les opérations et colorie la scène avec les couleurs indiquées dans les assiettes.

SOLUTIONS

1 C'EST PARTI POUR UNE COUPE !

Les invités arrivent au château du comte Zac et la comtesse se fait belle ! Colorie le dessin : chaque opération doit être de la même couleur que son résultat.

2 LES OREILLES DES PETITES SOURIS

Additionne les chiffres inscrits sur les oreilles des souris et écris le résultat sur leur ventre. Colorie-les ensuite comme tu le souhaites !

3 GRENOUILLES ET MARGUERITES

Complète les pétales des marguerites : la somme des chiffres de chaque pétale doit être égale au nombre inscrit au centre de la fleur, comme dans les exemples en rouge.

4 RENDEZ-VOUS GALANT

Aide Roger le loup-garou à rejoindre sa fiancée Belinda : colorie seulement les opérations ayant 10 pour résultat.

SOLUTIONS

5 ARAIGNÉES ET CHAUVESOURIS

Additionne les trois chiffres inscrits sur les chauvesouris et sur les araignées et colorie de la même couleur les paires d'animaux ayant le même résultat, comme dans l'exemple.

6 À CHAQUE PETIT HIBOU SA MAMAN

Colorie chaque petit hibou comme sa mère : chaque soustraction doit être de la même couleur que son résultat.

7 PARCOURS HANTÉ

Aide Pierrot le corbeau à rejoindre Vanessa la sorcière : colorie seulement les opérations ayant pour résultat 5.

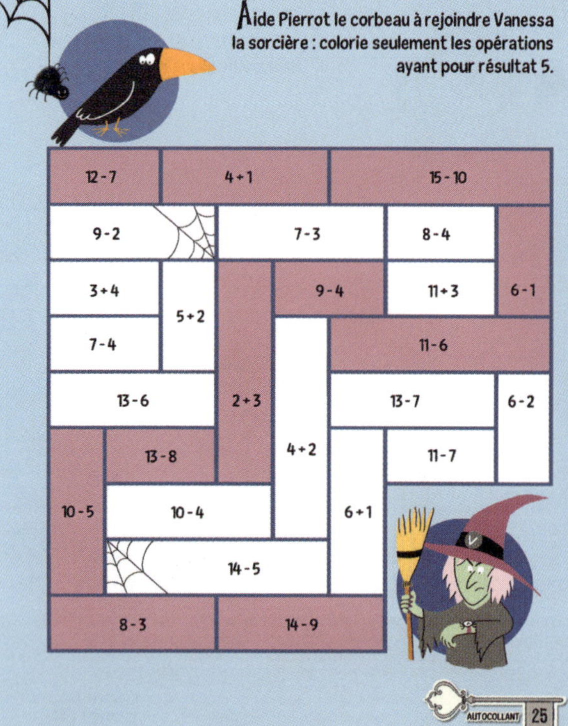

8 DANS LA CHAMBRE DU VAMPIRE

Colorie chaque opération de la même couleur que son résultat. Fais attention à ne pas réveiller le comte Zac !

SOLUTIONS

9
Y A-T-IL UN MONSTRE DANS L'ARMOIRE ?
Complète les opérations puis cherche dans l'armoire les nombres que tu as écrits. Colorie les zones correspondantes au crayon noir et tu découvriras qui se cache dans l'armoire.
5 + 7 = __
3 + 8 = __
17 - __ = 9
8 - __ = 7
8 + __ = 13
16 - 6 = __
15 - __ = 11
17 + __ = 19
13 - 7 = __
__ - 11 = 7
5 + __ = 14
12 - __ = 5
13 + 6 = __
14 + __ = 17
__ - 4 = 16
6 + __ = 20
10 + 5 = __
AUTOCOLLANT 26

10
AUTOCOLLANT 34

11
UNE RECETTE EXPLOSIVE
Résous chaque addition et retrouve son résultat parmi les flacons de potions magiques. Colorie ensuite le dessin avec les couleurs correspondantes.
1 + 7
10 + 6
4 + 4
11 + 1
6 + 1
8 + 11
9 + 6
2 + 12
5 + 9
8 + 7
13 + 3
4 + 3
3 + 2
3 + 9
12 + 7
AUTOCOLLANT 6

12
UN ANNIVERSAIRE DE VAMPIRE
Chaque vampire porte une chemise de la couleur de son gâteau préféré. Additionne les nombres de chaque chemise et de chaque gâteau, puis colorie de la même couleur les paires ayant le même résultat.
AUTOCOLLANT 14

SOLUTIONS

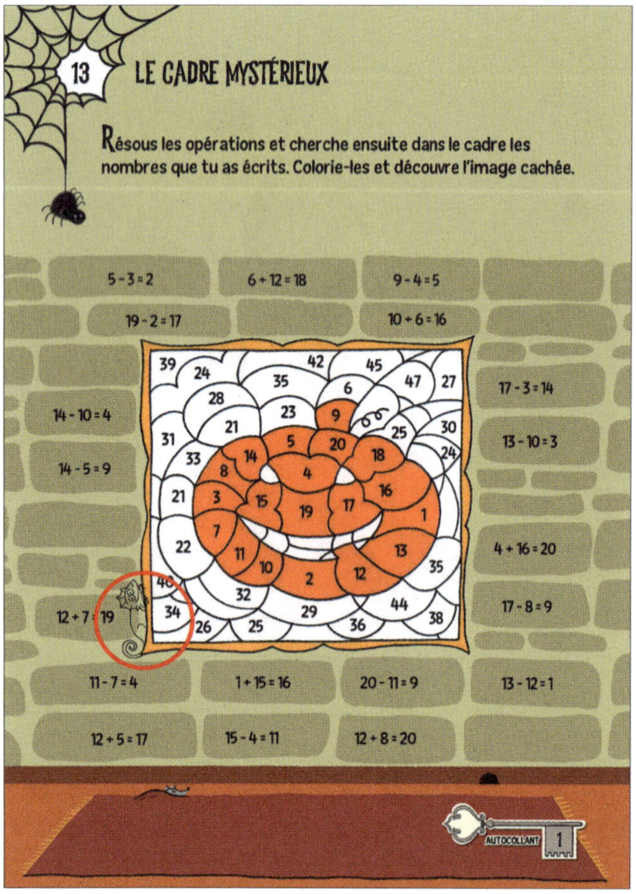
13
LE CADRE MYSTÉRIEUX
Résous les opérations et cherche ensuite dans le cadre les nombres que tu as écrits. Colorie-les et découvre l'image cachée.
5 - 3 = 2
6 + 12 = 18
9 - 4 = 5
19 - 2 = 17
10 + 6 = 16
17 - 3 = 14
14 - 10 = 4
13 - 10 = 3
14 - 5 = 9
4 + 16 = 20
17 - 8 = 9
12 + 7 = 19
11 - 7 = 4
1 + 15 = 16
20 - 11 = 9
13 - 12 = 1
12 + 5 = 17
15 - 4 = 11
12 + 8 = 20
AUTOCOLLANT 1

14
ATTENTION AU CHIEN !
Calcule la soustraction avec les nombres inscrits dans les oreilles des chiens de garde du comte Zac et écris le résultat sur leur médaillon, comme dans l'exemple. Colorie-les ensuite comme tu le souhaites !
AUTOCOLLANT 2

15
AUTOCOLLANT 4

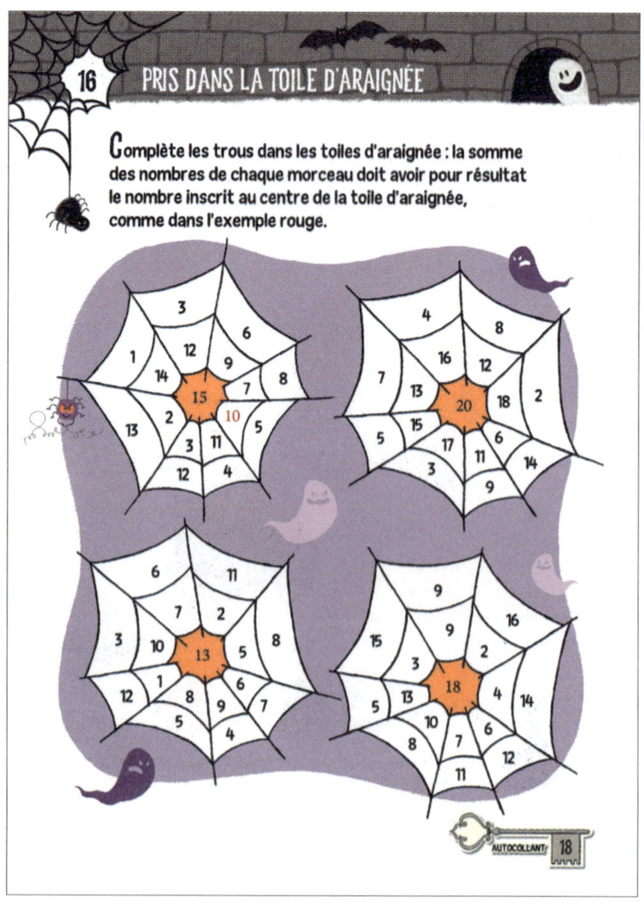
16
PRIS DANS LA TOILE D'ARAIGNÉE
Complète les trous dans les toiles d'araignée : la somme des nombres de chaque morceau doit avoir pour résultat le nombre inscrit au centre de la toile d'araignée, comme dans l'exemple rouge.
AUTOCOLLANT 18

SOLUTIONS

17
NUIT DES LOUPS !
Colorie les vêtements des petites louves comme ceux de leurs frères : colorie chaque addition de la même couleur que son résultat.
8+6
12+5
9+2
8
11
17
15+1
7+7
2+10
14
11
17
1+7
+9
3+11
13
19
16
7+12
9+7
5+8
12
14
16
7+4
3+5
6+11
13
14
8
AUTOCOLLANT 28

18
EN CLASSE AVEC LES VAMPIRES
À l'école des vampires, chaque soustraction doit être de la même couleur que son résultat. Les couleurs à utiliser sont indiquées au tableau !
7
9
15
3
6
8
13
11
19-6
17-8
18-3
20-7
16-5
15-8
13-5
9-3
4-1
16-9
8-5
19-4
19-11
10-7
17-9
AUTOCOLLANT 31

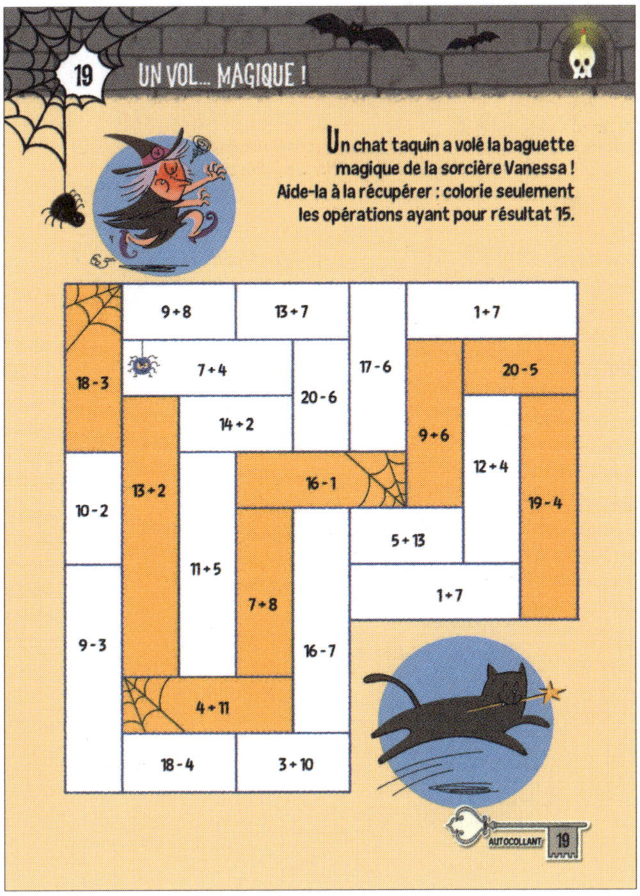
19
UN VOL... MAGIQUE !
Un chat taquin a volé la baguette magique de la sorcière Vanessa ! Aide-la à la récupérer : colorie seulement les opérations ayant pour résultat 15.
9+8
13+7
1+7
18-3
7+4
20-6
17-6
20-5
14+2
9+6
13+2
16-1
12+4
10-2
19-4
11+5
5+13
7+8
1+7
9-3
16-7
4+11
18-4
3+10
AUTOCOLLANT 19

20
23
30
19
20
21
25
21
26
24
15
28
17
11
25
13
2
19
4
14
23
6
27
26
7
5
21
3
8
1
9
0
23
16
18
24
20
12
17
10
AUTOCOLLANT 13

SOLUTIONS

21 UNE TASSE DE THÉ AVEC LES MOMIES

Résous les opérations et cherche le bon résultat sur les boites de thé. Colorie ensuite le dessin avec les couleurs indiquées.

22 QUI A PEUR DU NOIR ?

Dans le noir du château, chaque vampire cherche son chandelier. Additionne les trois chiffres sur les bougies et cherche le vampire qui a le bon résultat sur son foulard. Colorie alors le chandelier et le vampire de la même couleur.

23 LES SECRETS DE LA SORCIÈRE

Complète les opérations et cherche ensuite dans l'image les chiffres que tu as écrits. Colorie-les et découvre ce que cache la sorcière Vanessa dans sa chambre à coucher.

24 UN REPAIRE DE FANTÔMES

Résous les soustractions et écris le résultat dans les ballons de baudruche. Colorie ensuite chaque fantôme comme tu le souhaites !

SOLUTIONS

25
AUTOCOLLANT 30

26
LES CHAUVESOURIS FONT LEUR NUMÉRO
Complète les zones vides sur les chauves-souris :
la somme des nombres de chaque bande blanche ou brune
doit avoir pour résultat le nombre au centre.
AUTOCOLLANT 17

27
EN VOL SUR LE BALAI
Vanessa la sorcière se rend chez son ami le comte Zac.
Résous les opérations et colorie ensuite le dessin avec
les couleurs indiquées par les fantômes.
AUTOCOLLANT 12

28
À LA CHASSE AUX CHAUVESOURIS !
Le petit vampire est allé à la chasse
aux chauvesouris. Aide ses parents
à le retrouver : colorie seulement les
opérations ayant pour résultat 12.
AUTOCOLLANT 35

SOLUTIONS

29 ADIEU LES TACHES !

Aujourd'hui, c'est jour de lessive chez les momies !
Colorie chaque opération de la même couleur que son résultat.

30 DES CHAUSSURES NEUVES POUR VANESSA

Vanessa la sorcière veut acheter des chaussures, mais elle n'a que 17 pièces de 1 euro. Additionne les nombres que tu vois sur les chaussures pour trouver le prix de chaque paire, et découvre ainsi quelles chaussures Vanessa pourra acheter. Colorie-les comme tu le souhaites.

31 SÉRÉNADE AU CLAIR DE LUNE

Résous de tête chaque soustraction, retrouve le résultat parmi les cœurs et colorie la pierre de la couleur correspondante. Finis ensuite de colorier comme tu le souhaites.

32 LES CORBEAUX À LA CHASSE

Additionne les nombres inscrits sur les proies des corbeaux et écris le résultat sur le corbeau qui est sur le point de les manger, comme dans l'exemple. Colorie ensuite le dessin comme tu le désires !

SOLUTIONS

33 UNE FENÊTRE DANS L'OBSCURITÉ

Complète les opérations, cherche ensuite dans l'image tous les nombres que tu as écrits et colorie-les. Tu découvriras ce que le comte Zac voit de sa fenêtre.

34 LE BOUCLIER DU VAMPIRE

Complète les zones vides sur les boucliers : la somme des nombres sur chaque tranche doit avoir pour résultat le nombre au centre.

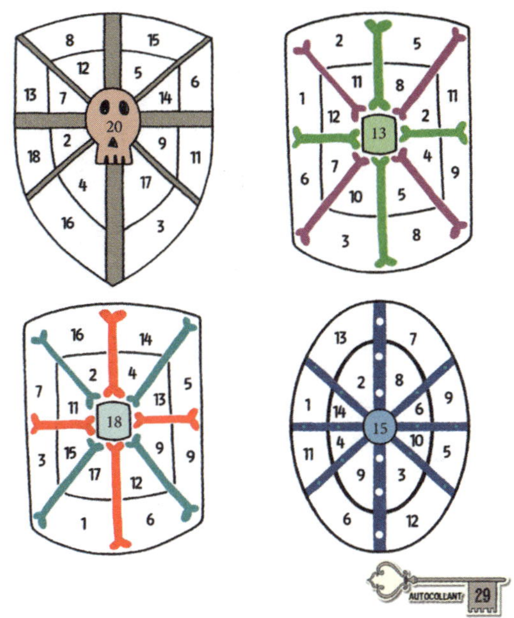

35 CADEAUX DE SORCIÈRE

Vanessa la sorcière est en train de créer une potion pour son ami le comte Zac. Tu veux l'aider ? Colorie les additions et les soustractions de la même couleur que leur résultat.

36 LE BANQUET DU COMTE ZAC

Le comte Zac a invité ses amis les monstres à dîner ! Résous les opérations et colorie la scène avec les couleurs indiquées dans les assiettes.

Colle les autocollants à l'endroit indiqué à chaque page et regarde comment LE CHÂTEAU DU COMTE ZAC se transforme !

17
14
18
13
19
12
15
16
20
21
22
23
24
25
29
INTERDIT
28
27
26

FÉLICITATIONS !

....

(Écris ton prénom ici)

Ton aventure est terminée !
Maintenant, le château ne fait plus PEUR !

Comment as-tu trouvé les épreuves :

 FACILE

 AMUSANTES

 DIFFICILES

 ENNUYEUSES

As-tu vu DANTE le caméléon ?
Il se cache dans le livre
pas moins de 16 fois !

Illustrations : LAURA DÉSIRÉE POZZI

L'édition italienne originale est parue sous le titre *Chi a paura della matematica ? 1*
Conception/édition : Serena Banal, Stefania Sartori
Graphisme : Raissa Postinghel
Direction artistique : Giordano Pacenza

www.erickson.it
www.erickson.international

Pour l'édition française :
Traduction : Maeri Meusnier
Adaptation graphique et mise en page : Pierre Léger

ISBN : 978-2-7256-3807-2
N° projet : 10269009
Achevé d'imprimer en France en octobre 2020 sur les presses de l'imprimerie Clerc